BIENVENIDO, NUEVO MUNDO

DAQ

Zahorí
BOOKS

¿Y si... lo hacemos de otra manera?

¿Lo has pensado alguna vez? Nuestra manera de vivir y de hacer las cosas está maltratando el planeta, y las consecuencias para la Tierra son evidentes. Luchar contra el cambio climático es ahora mismo más necesario que nunca. A pesar de que es un reto difícil, aún estamos a tiempo. ¡Solo **depende de nosotros mismos!**

¿Y si hacemos las cosas de otra manera? ¿Y si ponemos **todo nuestro talento** al servicio del bien común? Cuando nos lo proponemos, ¡somos imparables! Hemos sido capaces de llegar a la Luna, de inventar la bombilla, la penicilina o Internet. ¿Quién dice que no podremos detener, entre todos, la devastación del planeta?

De hecho, miles de personas de todos los rincones del mundo ya están invirtiendo ideas, tiempo y esfuerzo en construir otro mundo, ya sea con pequeños gestos, ya sea con grandes proyectos. Ahora más que nunca, todo suma y **todos podemos ayudar.**

Vamos a descubrir algunas de estas iniciativas creativas que intentan hacer posible **un futuro mejor.** Y lo haremos a través de los grandes retos ambientales que tenemos por delante.

¿Nos acompañas?

La Tierra sufre

Algunos efectos del cambio climático ya son visibles: aumento de las temperaturas, deshielo de los polos, extinción de especies, sequías e inundaciones, fenómenos meteorológicos externos, aparición de nuevas enfermedades infecciosas... Los datos son claros: ¡es la hora de actuar!

p. 06-09

Bosques

Año tras año, debido a la defores a otros fenómenos, se degradan grandes extensiones de bosque esenciales para frenar el calentar global y proteger la biodiversida planeta. Para conservarlos tenem
unos c
aliado
comur
indíge

p. 16-

Energía

Uno de los retos principales que tenemos los humanos es reducir las emisiones de CO_2. Para conseguirlo, debemos dejar de lado la dependencia de los combustibles fósiles, como el petróleo y el carbón, y producir energías alternativas. Descubriremos formas de generar y consumir energía de manera renovable, racional y sostenible.

p. 10-15

Ciudades

Gran parte de la contaminación y de la emisión de gases de efecto invernadero se produce en las ciudades. La mayoría de la población mundial vive en zonas urbanas, por ello el compromiso de las ciudades es imprescindible para frenar el cambio climático. ¡Tenemos a nuestro alcance un montón de recursos para conseguir que la naturaleza recupere su espacio!

p. 36-45

Animales

La fauna es la gran perjudicada por nuestros excesos. Cada ser vivo tiene una función esencial en su ecosistema y, si no lo remediamos, un millón de especies animales podrían desaparecer en las próximas décadas. ¡No podemos quedarnos de brazos cruzados!

p. 28-35

Océanos

La Tierra depende de los océanos, que regulan el clima, producen más de la mitad del oxígeno que respiramos y son grandes esponjas de CO_2. Son vitales para nosotros, pero no los protegemos. Están sufriendo un proceso de acidificación debido a las actividades humanas, y esto impacta gravemente en la vida marina. ¿Qué podemos hacer?

p. 20-27

Proyectos para un mundo más sostenible

Fuentes consultadas

Economía y consumo

Los recursos de la Tierra son limitados. Una economía basada en el «usar y tirar» y en el consumismo incesante no es sostenible. El actual estilo de vida va asociado a otro problema: el volumen de residuos que generamos. Pero..., ¿y si consiguiéramos transformar los residuos en recursos?

p. 56-59

Alimentos

Todo el mundo lo dice: comer bien y sano es muy beneficioso para nuestra salud. Pero también lo es para la salud del planeta. En este capítulo veremos cómo podemos contribuir a reducir la huella ecológica cambiando la forma de alimentarnos.

p. 46-55

Casas

Los arquitectos también se movilizan por un mundo mejor. Ya es posible construir viviendas "eficientes", que ahorran energía, y que a la vez están hechas de materiales locales o reciclados. ¿Sabes que hemos aprendido a hacer paredes capaces de enfriarse cuando aprieta el calor? ¡Y también a fabricar ladrillos reaprovechando colillas de cigarrillos!

p. 60-61

La Tierra sufre

Nuestro planeta sufre porque tiene calor. Durante el último siglo la temperatura media ha ascendido más de 1 °C. ¡Y si no hacemos nada para detener este ascenso, hacia finales de siglo la temperatura habrá subido más de 3 °C!

La Tierra, a lo largo de la historia, ha sufrido otros cambios climáticos por causas naturales. Pero esta vez es la primera en que el cambio es responsabilidad del ser humano.

Además, esta transformación climática se está produciendo de forma abrupta y rápida. Por eso hablamos de emergencia climática. ¡Debemos actuar ya!

Los expertos en el clima afirman que tenemos que limitar el calentamiento global a 1,5 °C. Si no lo conseguimos, nos expondremos cada vez más a cambios irreversibles en los sistemas naturales que posibilitan nuestra supervivencia. El camino más fácil es reducir las emisiones de los gases que forman una barrera en la atmósfera.

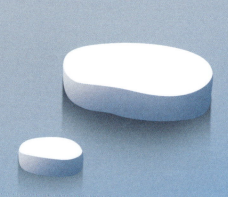

¿Impacto irreversible?

Los efectos del cambio climático empiezan a notarse. Lo vemos en el deshielo de los polos de la Tierra y en el crecimiento del nivel del mar (ya están inundándose las islas bajas del Pacífico). Fenómenos extremos como tifones, huracanes, olas de calor, períodos de sequía e incendios forestales serán cada vez más frecuentes e intensos. También nos enfrentaremos a la desaparición de millones de especies animales y vegetales debido a la transformación de su hábitat y al incremento de enfermedades como el ébola, la gripe aviar o la COVID-19 por la pérdida de diversidad.

¿Cómo hacerle frente?

Miles de proyectos comprometidos con el clima están en marcha. Son proyectos sociales, políticos, científicos y tecnológicos, ideados para reducir las emisiones y hacernos menos vulnerables. La inteligencia artificial, la robótica o la Internet de las cosas pueden ser grandes aliados en la lucha contra el cambio climático. Pero no podemos esperar que la tecnología resuelva todos nuestros problemas.

Además, no todo lo tecnológico es siempre bueno. Por ejemplo, hay propuestas que pretenden manipular el clima (enfriar el planeta con espejos gigantes que reflejen la luz, esparcir partículas aerosoles para oscurecer el Sol...) o capturar el dióxido de carbono (CO_2) y enterrarlo en el suelo. Hay una solución clara para enfrentarnos al cambio climático: reducir las emisiones de gases de efecto invernadero (el CO_2 es el principal). Y esto depende de consumir de un modo más responsable y de llevar a cabo cambios profundos en nuestra sociedad.

Conceptos clave para entender el cambio climático

Antropoceno

Período geológico actual, caracterizado por el impacto de la actividad humana en la Tierra. Este impacto provoca el calentamiento global, la pérdida generalizada de biodiversidad, la degradación del suelo y la deforestación y la contaminación.

Emergencia climática

Situación de crisis climática grave a escala mundial que requiere la adopción de medidas concretas e inmediatas de mitigación del cambio climático y también de adaptación a este.

Calentamiento global

Aumento gradual de la temperatura media de la Tierra. Estudios científicos afirman que el calentamiento global actual es consecuencia de la emisión masiva de gases invernadero que genera la actividad humana. Esto ha provocado la actual crisis climática.

Huella de carbono

La huella de carbono es un indicador ambiental que mide la cantidad total de gases invernadero que emiten nuestras actividades en el medio ambiente. Con la huella de carbono cero (o neutralidad de carbono), que muchos países se han comprometido a conseguir en el 2050, se pretende lograr el equilibrio entre las emisiones a la atmósfera y las que somos capaces de absorber.

Descarbonización

Es el proceso de reducción progresiva de la dependencia de los combustibles fósiles (carbón, petróleo y gas). De este modo, conseguiremos reducir las emisiones de gases invernadero y el calentamiento global.

Mitigación y adaptación

Son conceptos que hacen referencia a las acciones que podemos llevar a cabo para hacer frente a la emergencia climática. La mitigación describe aquellas acciones que ponemos en marcha para reducir o evitar las emisiones de gases de efecto invernadero; la adaptación hace referencia a las acciones que persiguen la reducción de nuestra vulnerabilidad a los efectos del cambio climático.

Sostenibilidad

El ritmo de consumo incesante que caracteriza a nuestra sociedad nos conduce al inevitable agotamiento de los recursos naturales del planeta. Vivir de manera sostenible significa vivir el presente sin poner en peligro el futuro conservando y protegiendo el medio ambiente.

Energía

Durante mucho tiempo, los combustibles fósiles han sido la materia prima para generar energía: para calentar las casas, mover los coches, navegar por Internet o encender la luz de la habitación. Decimos que son un recurso no renovable porque se consume a mayor velocidad de la que se regenera.

La producción y consumo de energía es el principal emisor de gases que se acumulan en la atmósfera. Para conseguir los objetivos marcados por los científicos y detener el calentamiento global debemos dejar de producir energía a partir de combustibles fósiles como el petróleo, el gas y el carbón, y apostar por fuentes de energía renovables (que, de manera natural y continua, se renuevan y siempre están a disposición de la humanidad). ¡Tenemos que conseguir la huella de carbono cero!

El efecto invernadero, necesario para la vida

Algunos gases que encontramos en la atmósfera –como el dióxido de carbono (CO_2), el óxido nitroso y el metano– impiden que el calor que proporciona el Sol vuelva hacia el espacio. Atrapan el calor, como si pusiéramos una manta sobre la Tierra.

Este fenómeno natural, conocido como efecto invernadero, no es nocivo en sí mismo. Es fundamental para garantizar la vida en la Tierra: ¡de no ser así, en nuestro planeta haría demasiado frío y no se podría vivir en él!

Pero el exceso de estos gases, provocado sobre todo por la quema de combustibles fósiles, produce el calentamiento global de la Tierra.

A pesar de que tienen lugar procesos naturales en los bosques y los océanos que capturan CO_2 –se denominan sumideros–, hoy en día la humanidad emite demasiado CO_2 y la Tierra solo es capaz de absorber una parte. El resto se acumula en la atmósfera.

Las energías renovables son la mejor alternativa. Las obtenemos del viento, del Sol, de la fuerza del agua, del calor de la Tierra...

¿Y si... las personas lideramos el cambio energético?

Autoconsumo. ¿Conoces este concepto? Está levantando el vuelo en la transformación energética hacia las renovables. Cada vez hay más personas que se organizan para producir y consumir su propia energía. Quieren participar activamente en la transición energética y beneficiarse de ella impulsando un nuevo modelo más eficaz, de proximidad, y que tenga en cuenta las necesidades de las personas.

Se organizan en comunidades energéticas –creadas por ayuntamientos, comunidades de vecinos, cooperativas o pequeñas empresas– que generan y consumen energía de forma colaborativa.

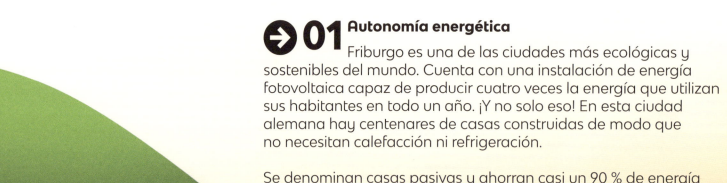

→ 01 Autonomía energética

Friburgo es una de las ciudades más ecológicas y sostenibles del mundo. Cuenta con una instalación de energía fotovoltaica capaz de producir cuatro veces la energía que utilizan sus habitantes en todo un año. ¡Y no solo eso! En esta ciudad alemana hay centenares de casas construidas de modo que no necesitan calefacción ni refrigeración.

Se denominan casas pasivas y ahorran casi un 90 % de energía en relación con un hogar tradicional.

→ 02 Microred eléctrica

En el barrio de Brooklyn, en Nueva York, un grupo de vecinos generan electricidad con placas fotovoltaicas instaladas en sus viviendas. Gestionan y controlan digitalmente el consumo de cada vivienda y sin la interferencia de intermediarios. Intercambian la energía utilizando un sistema denominado cadena de bloques (blockchain). De este modo, regulan la energía que usa cada uno y la que ceden a consumidores que no pertenecen a la microred.

→ 03 Proyecto Vivir del aire

Medio millar de familias, empresas y entidades son las impulsoras de este proyecto eólico comunitario pionero. Con sus aportaciones ha sido posible la instalación en el municipio barcelonés de Pujalt del primer aerogenerador popular, de propiedad compartida, del sur de Europa. Produce la energía necesaria para 1.600 hogares.

¿Y si... reducimos el consumo de energía?

Los expertos avisan de que no es suficiente con llevar a cabo la transición hacia las energías renovables. Se debe ir un paso más allá: hacer un uso más racional de la energía que consumimos y detener la explotación incesante de recursos.

Un coche eléctrico en movimiento no emite CO_2 en la atmósfera. Sin embargo, tiene una huella ecológica muy alta. No solo porque se necesita mucha energía para fabricarlo, sino también por la batería que lleva. La fabricación de baterías y placas fotovoltaicas requiere metales difíciles de conseguir (y con mucho impacto ambiental), como litio, cobalto, níquel...

Así, pues, no basta con sustituir un tipo de energía por otro. La transición energética es indispensable, pero debe ir acompañada de un cambio de hábitos –por ejemplo, es más sostenible compartir coche eléctrico que tener uno por persona–, y de más investigación para alargar la vida de las baterías, reciclar los materiales y encontrar alternativas.

→ 04 La gestión de la demanda energética

OHMConnect es una empresa californiana que premia a aquellos que consumen cuando hay menos demanda energética. Los usuarios de esta *app* reciben mensajes cuando la red eléctrica está saturada porque hay mucha demanda, y son compensados económicamente si no consumen.

Este sistema para llevar a cabo una gestión de la energía a tiempo real y de manera flexible se ve como una oportunidad en un mundo 100 % renovable. Para contribuir a la estabilidad de la red, los usuarios podrán anticipar, retrasar o cancelar parte de sus consumos, elegir el momento más apropiado para recargar el vehículo eléctrico, enfriar la casa o poner la lavadora.

New message!

Today!   1840 W

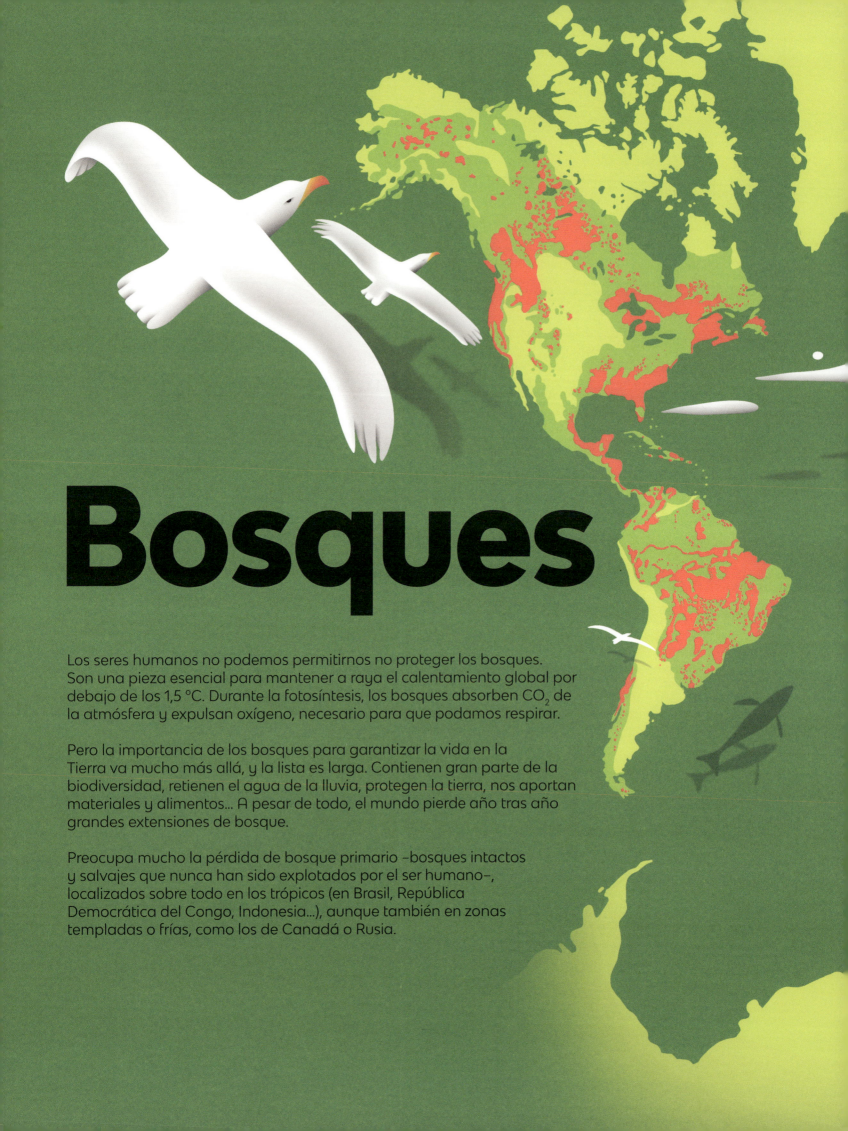

Bosques

Los seres humanos no podemos permitirnos no proteger los bosques. Son una pieza esencial para mantener a raya el calentamiento global por debajo de los 1,5 °C. Durante la fotosíntesis, los bosques absorben CO_2 de la atmósfera y expulsan oxígeno, necesario para que podamos respirar.

Pero la importancia de los bosques para garantizar la vida en la Tierra va mucho más allá, y la lista es larga. Contienen gran parte de la biodiversidad, retienen el agua de la lluvia, protegen la tierra, nos aportan materiales y alimentos... A pesar de todo, el mundo pierde año tras año grandes extensiones de bosque.

Preocupa mucho la pérdida de bosque primario –bosques intactos y salvajes que nunca han sido explotados por el ser humano–, localizados sobre todo en los trópicos (en Brasil, República Democrática del Congo, Indonesia...), aunque también en zonas templadas o frías, como los de Canadá o Rusia.

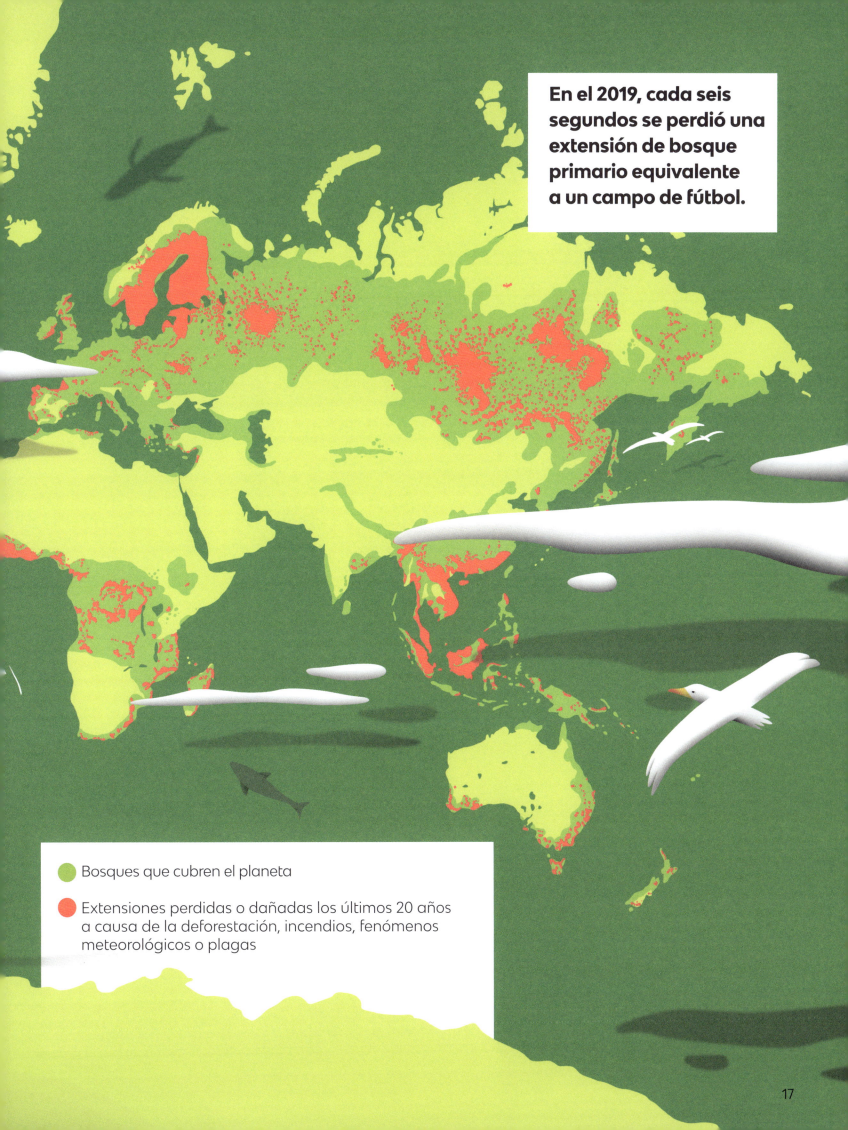

En el 2019, cada seis segundos se perdió una extensión de bosque primario equivalente a un campo de fútbol.

Bosques que cubren el planeta

Extensiones perdidas o dañadas los últimos 20 años a causa de la deforestación, incendios, fenómenos meteorológicos o plagas

¿Y si... frenamos la deforestación?

La selva amazónica es el bosque primario tropical más extenso de la Tierra. Al mismo tiempo, es el que todos los años pierde más superficie. Tiene unos seis millones de km² de extensión y está repartida entre ocho países distintos: Bolivia, Brasil, Colombia, Ecuador, Guyana, Perú, Surinam y Venezuela.

El principal problema al que se enfrenta la selva tropical amazónica es la deforestación. ¡En los últimos 40 años se ha perdido una quinta parte! Con la tala y quema de árboles de forma masiva, la selva pierde capacidad de absorber CO_2 y libera el que tenía «secuestrado». Esto supone, además, una agresión a la biodiversidad y a las especies endémicas y provoca que la selva pueda retener y crear menos lluvia. Algunos expertos alertan de que un 40 % de la Amazonia está en riesgo de convertirse en sabana.

Cambiar la alimentación para salvar los bosques

El sector minero o energético, y sobre todo el ganadero y el agrícola, son los responsables de este drama ecológico. Allí se deforesta para producir carne, mucha carne. Los bosques pasan a ser campos de pasto para las vacas y plantaciones de soja para alimentarlas. La relación es clara: a más demanda de carne, más pérdida de bosques. Por ello, si queremos salvar los bosques y detener la deforestación, debemos cambiar nuestra alimentación y consumir menos carne roja.

→05 Los sonidos de la selva

Rainforest Connection recupera teléfonos inteligentes en desuso y los transforma en dispositivos de escucha autónomos que funcionan con energía solar. Se instalan en la parte alta de las copas de los árboles y captan continuamente todos los sonidos ambientales. Cualquier persona, en cualquier momento y lugar puede oír los sonidos de la selva en directo a través de una aplicación gratuita. Más allá del placer de oír la música de la naturaleza en estado puro, gracias al proyecto se puede detectar un árbol cayendo víctima de la deforestación. Los sensores detectan los ataques a los árboles en tiempo real y permiten una intervención rápida.

Relación con algunas enfermedades

La deforestación y la destrucción de hábitats aumentan el riesgo de contraer enfermedades infecciosas como la COVID-19 o el ébola, que son enfermedades zoonóticas (es decir, que se pueden transmitir de los animales a las personas y al revés). Los bosques actúan de barrera natural, puesto que mantienen estas enfermedades alejadas de los seres humanos y, cuanto más los destruimos, más expuestos quedamos a ellas.

→ 07   Drones para vigilar los bosques

GeoBosques es una organización peruana que se dedica a vigilar los bosques. En la Amazonia ha llegado a un acuerdo con la comunidad indígena shipiba de Nuevo Saposoa (Perú) para detener la deforestación de la selva. Este pueblo vive en plena Amazonia. Pero a menudo ha sido asediado por las talas ilegales de árboles.

La comunidad cuenta con dos teléfonos móviles y un dron. Todas las semanas reciben imágenes de satélite que alertan de zonas donde se ha detectado deforestación. Los indígenas utilizan estas coordenadas para volar con su dron, vigilar y avisar a las autoridades si se están produciendo talas. Gracias a esta iniciativa tienen bajo control 9.000 hectáreas de selva.

→ 06   Los guardianes de la Amazonia

Los bosques primarios son el hogar de los pueblos indígenas. Los guardianes de estos ecosistemas vírgenes imprescindibles nos enseñan muchas cosas sobre cómo conservar los recursos naturales, vivir en armonía con la naturaleza y alimentarnos de manera sostenible. Proteger a estas comunidades es imprescindible para enfrentarnos al cambio climático y garantizar el equilibrio natural y la supervivencia de la biodiversidad.

Muchas comunidades indígenas viven en lugares remotos. Se sienten amenazadas por la industria de la carne, la madera o la minería, y los gobiernos no siempre las protegen. Distintas organizaciones locales e internacionales luchan para defender los derechos de las reservas indígenas.

Océanos

Nuestro futuro depende de los océanos. Los mares y los océanos cubren el 70 % de la superficie terrestre y almacenan el 97 % del agua de todo el planeta. ¡Están llenos de vida! Los científicos calculan que alojan cerca de un millón de especies diferentes o quizá incluso más –por ahora, solo tenemos 200.000 identificadas–, desde el animal más grande del mundo, la ballena azul, hasta los minúsculos organismos que componen el fitoplancton marino.

Son el pulmón del planeta

El fitoplancton, conjunto de microorganismos que viven dispersos en mares y océanos de todo el planeta, produce más de la mitad del oxígeno que respiramos.

Regulan el clima

El agua tiene la capacidad de absorber, almacenar y distribuir calor a través de las corrientes marinas. Los océanos están mitigando los efectos del cambio climático, gracias a la absorción del 93 % de todo el calor extra generado por las emisiones de CO_2.

Son esponjas de CO$_2$

Los océanos absorben una cuarta parte de las emisiones de CO$_2$ de la Tierra (gracias a la solubilidad física y química del CO$_2$ en agua). Pero esto provoca la acidificación del agua, que impacta en la vida de los animales marinos, en especial los que tienen concha, y a la vez, está frenando la absorción de CO$_2$. Además, el fitoplancton, e indirectamente todos los animales marinos, también capturan CO$_2$ de la atmósfera (como hacen las plantas terrestres), y una pequeña parte llega hasta el fondo del mar en forma de «nieve marina», donde se almacena durante siglos o milenios. ¿Y si restauramos bosques acuáticos como los manglares para absorber más CO$_2$?

Proporcionan alimento y trabajo

Millones de personas dependen del pescado para subsistir económicamente y alimentarse. Los océanos, a través de la pesca, proporcionan una quinta parte de la proteína animal que consumimos todos los años.

➡ 08 Barcos informadores

Los científicos trabajan con los datos que envían los sensores instalados en grandes buques o barcos de pesca. Con estos datos se puede saber qué peces habitan en una zona concreta.

¿Y si... los vigilamos de cerca?

La Internet de las cosas, los datos masivos (*big data*), la inteligencia artificial... ¿Te suenan? Son tecnologías que ya se están utilizando en todo el mundo para recoger y analizar grandes cantidades de datos. De este modo, pueden evaluar la salud de los océanos, detectar riesgos, prever amenazas y, lo más importante, tomar decisiones y actuar.

Los datos se recogen con sensores y se envían a centros de investigación de todo el mundo vía satélite. Así podemos saber, por ejemplo, la temperatura, presión y nivel de acidez del mar, conocer la salud de las especies, identificar lugares donde se pesca ilegalmente o, incluso, detectar dónde se concentran plásticos o vertidos de petróleo. Inventos y robots de todo tipo recorren el fondo marino para recoger esta información. ¡Son nuestros ojos en las profundidades!

➡ 09 Sensores-tirita

Estos pequeños sensores se adhieren a cualquier animal marino. Son milimétricos, biodegradables y se fabrican con impresoras 3D. Los investigadores ya pueden vigilar la salud de los océanos montados a lomos de delfines y tiburones.

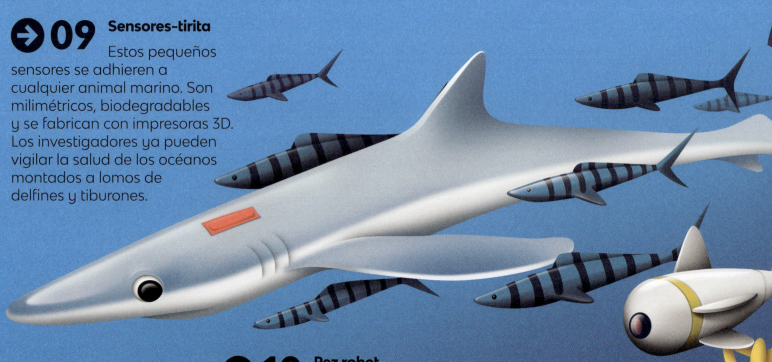

➡ 10 Pez robot

Este es SoFi (del inglés *soft fish*). Está controlado a distancia, y como pasa desapercibido para los animales, puede acercárseles y capturar imágenes y i vídeos en alta resolución.

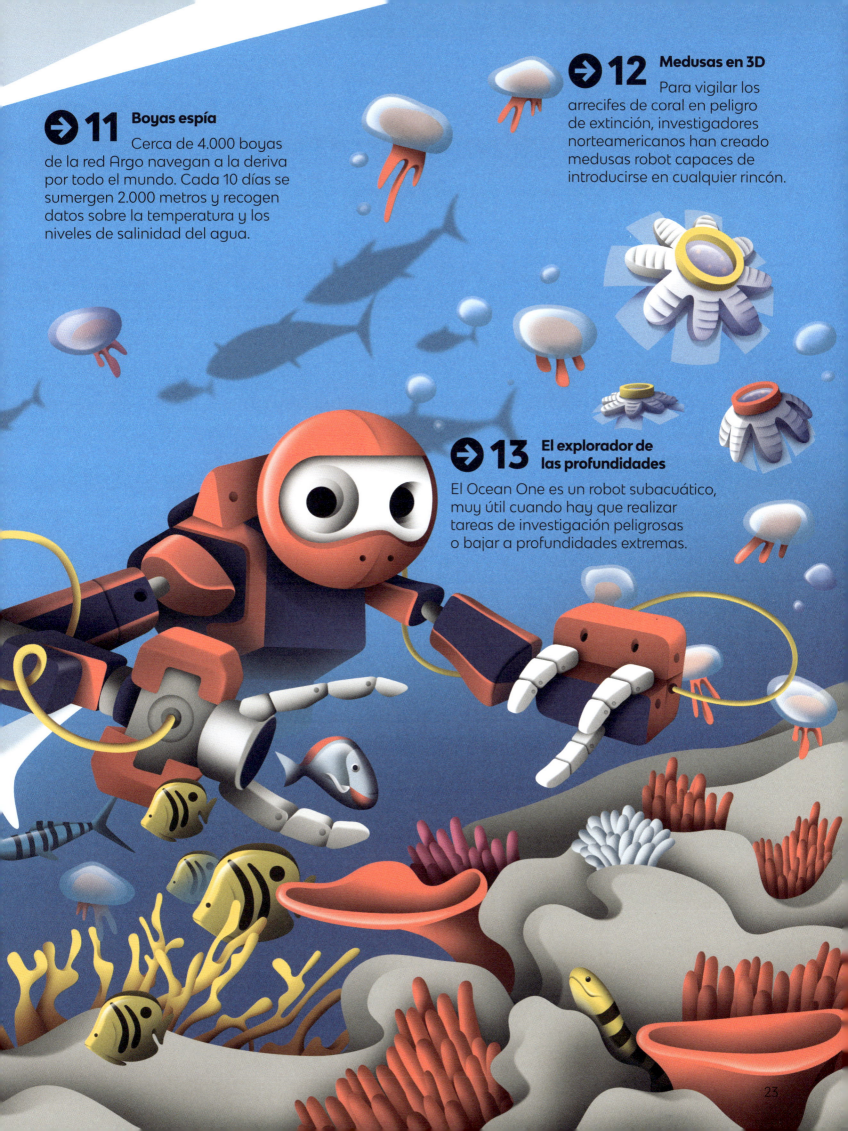

→ **11** **Boyas espía**
　　　Cerca de 4.000 boyas de la red Argo navegan a la deriva por todo el mundo. Cada 10 días se sumergen 2.000 metros y recogen datos sobre la temperatura y los niveles de salinidad del agua.

→ **12** **Medusas en 3D**
　　　Para vigilar los arrecifes de coral en peligro de extinción, investigadores norteamericanos han creado medusas robot capaces de introducirse en cualquier rincón.

→ **13** **El explorador de las profundidades**
El Ocean One es un robot subacuático, muy útil cuando hay que realizar tareas de investigación peligrosas o bajar a profundidades extremas.

23

¿Y si... hacemos limpieza?

Los océanos se han convertido en grandes vertederos. En sus aguas vertemos fuel, productos químicos de todo tipo y, sobre todo, grandes cantidades de plásticos. De hecho, hay una gran isla de plásticos que flota en el océano Pacífico (entre California i Hawái) y que ocupa una extensión de 1,6 millones de km², el equivalente a la suma de la superficie de Francia, Alemania y España.

Si no cambiamos nuestra manera de actuar, en el año 2050 en los océanos habrá más plástico que peces.

Este es un problema que no solo afecta a los ecosistemas marinos: hay estudios que han encontrado microplásticos en humanos (probablemente procedentes del pescado y del marisco). Necesitamos un compromiso global y un control estricto de lo que llega al mar. Pero mientras tanto será preciso hacer limpieza.

→ 14 **Flotador gigante**
Una de las iniciativas más atrevidas para limpiar los océanos de plástico es la que lidera el joven holandés Boyan Slat. Con el apoyo de un numeroso grupo de científicos ha puesto en marcha The Ocean Cleanup. Consiste en de un gran flotador en forma de u, de unos 600 metros de largo, del que cuelga una red. El flotador se mueve con las corrientes marinas y captura los plásticos que va encontrando por el camino. Un barco se ocupa de recogerlos y llevarlos a la superficie, donde son reciclados.

Se mueve con energía solar y cuenta con sistemas anticolisión, cámaras, sensores y antenas. De este modo, envía datos sobre su localización y rendimiento.

➜ 15   Burbujas antibasura

The Great Bubble Barrier recoge los plásticos antes de que lleguen al mar. El sistema se ha probado en los canales de Ámsterdam. Consiste en crear una barrera de burbujas con aire comprimido que salen de un tubo perforado que discurre por el fondo del canal. La corriente de burbujas impulsa los residuos hacia una plataforma que los agrupa.

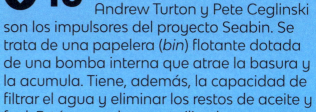

➜ 16   Contenedor que atrae la basura

Andrew Turton y Pete Ceglinski son los impulsores del proyecto Seabin. Se trata de una papelera (bin) flotante dotada de una bomba interna que atrae la basura y la acumula. Tiene, además, la capacidad de filtrar el agua y eliminar los restos de aceite y fuel. Está pensada para utilizarla en puertos o zonas costeras y puede recoger una tonelada de basura al año.

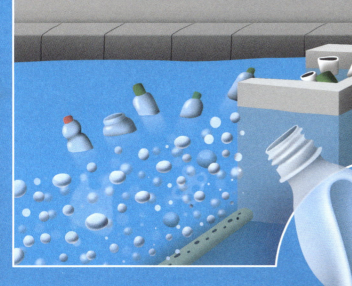

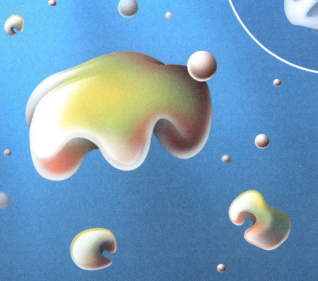

➜ 17   Robots vivos

Hay quien apuesta por los xenobots como una solución para los océanos. Creados a partir de células embrionarias de rana, son los primeros robots vivos de la historia. Son milimétricos, pero los científicos afirman que podrían servir para recoger microplásticos del agua marina.

➜ 18   Esponja de crudo

Para limpiar los vertidos, investigadores de la Universidad de Chicago han creado una esponja que absorbe petróleo sin absorber agua. La ventaja de esta herramienta respecto a otras parecidas es que esta esponja, una vez exprimida, se puede volver a usar.

¿Y si... los protegemos de verdad?

→ 19 Santuarios: los refugios marinos

Los océanos son vitales para garantizar la subsistencia de nuestro planeta. A pesar de ello, ¡no los protegemos! La mayoría de las aguas son internacionales y ningún estado se ocupa de ellas. La manera más efectiva de conservarlos es mediante la creación de una red de santuarios (refugios) marinos donde se restrinja la actividad humana (la pesca, la extracción de petróleo, la minería...).

Activistas y científicos de todo el mundo están en lucha para crear el santuario del océano Antártico. Si se hiciese realidad, ¡sería la reserva marina más grande del mundo! Tendría cinco veces el tamaño de Alemania: 1,8 millones de km².

Cuidando la Antártida también protegemos el kril, pequeños crustáceos que son muy sensibles al deshielo y que viven el acoso de la pesca industrial para convertirlos en píldoras omega-3 y harina de pescado. El kril es una fuente de alimento de muchas especies que viven en la Antártida. Contribuye a la absorción de carbono.

A pesar de las duras condiciones de vida que ofrecen sus aguas, en el océano Antártico hay 14.000 especies diferentes: pingüinos, focas, ballenas, orcas..., que están amenazadas por la industria pesquera, el aumento de las temperaturas y el deshielo.

Animales

Los efectos del cambio climático tienen un impacto grave en el hábitat de todos los animales y plantas del planeta. Las actividades humanas no sostenibles han provocado que en los últimos 40 años se haya reducido a menos de la mitad la población mundial de animales salvajes. Las Naciones Unidas avisan de que un millón de especies pueden desaparecer en las próximas décadas.

Millones de especies, al límite

La alteración profunda del clima y de los ecosistemas debido al aumento de las temperaturas, la subida del nivel del mar o la deforestación, conducen a los animales al límite: se ven obligados a adaptarse o a emigrar, y si no lo consiguen, corren el peligro de extinguirse.

Cada ser vivo tiene una función en su ecosistema. Protegerlos es importante por una razón muy sencilla: para mantener el equilibrio natural, puesto que de ello depende la supervivencia de la vida en la Tierra.

Víctimas de la deforestación

La selva del sudeste asiático, como todas las selvas tropicales, es una región clave de almacenamiento de carbono y biodiversidad. Muchos de estos bosques se están quemando para sustituirlos por plantaciones o para hacer pasta de papel, y los orangutanes y su ecosistema están en peligro. Estos simios tienen una función decisiva en la conservación de su hábitat, puesto que son dispersores de semillas. Sin ellos, muchas especies de árboles y otras plantas podrían desaparecer.

¿Y si... garantizamos la polinización?

Las abejas son una pieza clave para nuestros ecosistemas. Transportando polen de flor en flor, garantizan la producción mundial de alimentos. De hecho, tres cuartas partes de los alimentos que comemos necesitan a los animales polinizadores, entre los cuales la abeja es clave. El número de abejas –y otros insectos como mariposas y abejorros– está disminuyendo preocupantemente. ¿Qué pasa? La salud de las abejas está en peligro por diferentes factores, algunos todavía desconocidos. Los insecticidas y herbicidas utilizados en la agricultura, la aparición de parásitos o especies invasoras y, sin lugar a dudas, la contaminación, la falta de lluvias y el aumento de las temperaturas son las causas más evidentes de su desaparición.

➡ 20 Apicultura urbana

Abejas de ciudad y miel de barrio: la apicultura en las azoteas es una práctica en alza, que cada día tiene más adeptos. El objetivo es garantizar la supervivencia de las poblaciones de abejas, pero, a la vez, protegiéndolas se contribuye a la polinización de los parques y jardines y a la naturalización de la ciudad. Y de paso, ¡producimos miel en casa!

➔21 Bee Happy

Viladecans, en la provincia de Barcelona, utiliza las abejas como sensores ambientales. Esta ciudad aprovecha que son insectos muy sensibles y que constituyen un potente bioindicador de la contaminación: a través del polen, la cera y la miel se puede detectar la presencia de elementos contaminantes.

➔22 Vacuna para las abejas

Científicos finlandeses han creado la primera vacuna para abejas. Las protege de la loque americana, una enfermedad que puede arrasar colonias enteras de abejas. La vacunación se realiza mediante un medallón de azúcar comestible que se suspende en la colmena para que la reina lo consuma.

➔23 Papel «salva abejas»

En Polonia han creado un tipo de papel que cuida a las abejas. Contiene glucosa, y cuando las abejas lo prueban les aporta energía. El papel también incorpora semillas de *Lacy phacelia*, que mediante la intervención de las abejas se convertirán en flores.

➔24 Proyecto Purple Hive

En Australia han puesto en marcha un proyecto para detectar el ácaro varroa destructor, que causa la principal enfermedad que afecta a las abejas. Las colmenas están conectadas, y gracias a la tecnología de inteligencia artificial se puede detectar el ácaro en tiempo real, enviar una alerta al apicultor y evitar, así, su propagación.

¿Y si... cuidamos los sumideros de CO₂?

Un sumidero de carbono es un depósito que absorbe el CO_2 de la atmósfera. Es una de las herramientas que tiene la naturaleza para disminuir la concentración de CO_2 en el aire y regular la temperatura de la Tierra. Existen sumideros artificiales, pero hoy en día son tecnologías y productos químicos poco fiables.

Las plantas terrestres y los océanos son los principales sumideros de carbono, capaces de segregar más de la mitad del CO_2 emitido en las actividades humanas. Los océanos absorben una cuarta parte, pero se están saturando y acidificando cada día más.

El plancton, los corales, los peces y otras criaturas tienen una gran capacidad de absorber carbono. De entre todas las criaturas marinas, la ballena es una de las destacadas. Según los expertos, las ballenas nos pueden ayudar a luchar contra el cambio climático. Así pues, tiene todo el sentido que las protejamos, ¿verdad?

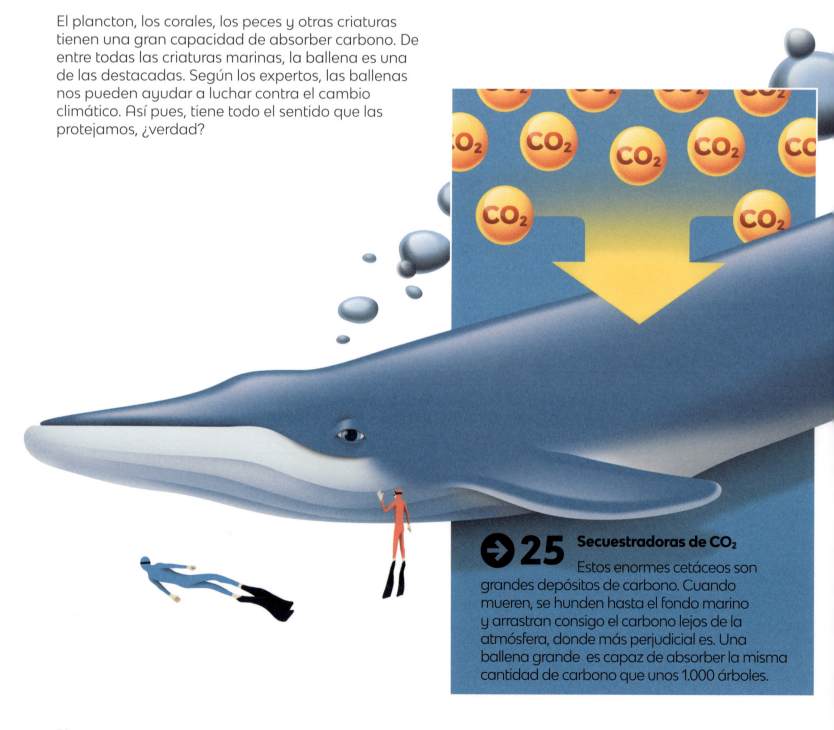

→25 Secuestradoras de CO₂

Estos enormes cetáceos son grandes depósitos de carbono. Cuando mueren, se hunden hasta el fondo marino y arrastran consigo el carbono lejos de la atmósfera, donde más perjudicial es. Una ballena grande es capaz de absorber la misma cantidad de carbono que unos 1.000 árboles.

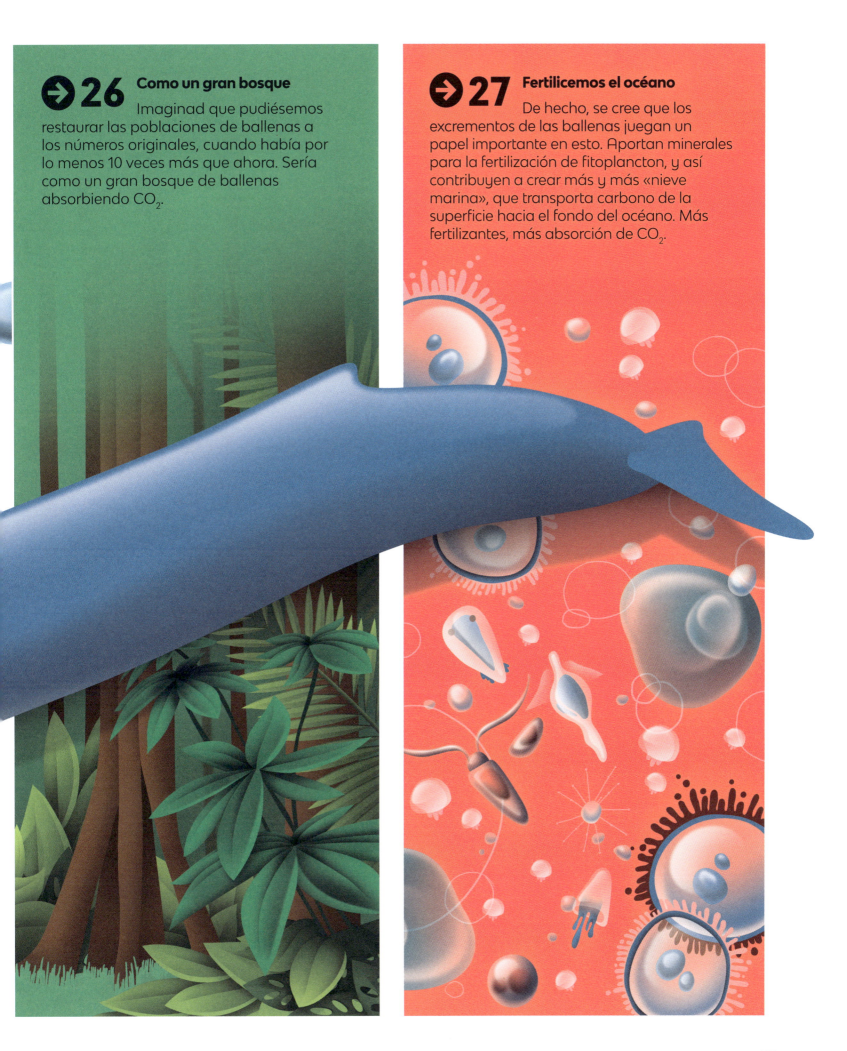

→ 26   Como un gran bosque

Imaginad que pudiésemos restaurar las poblaciones de ballenas a los números originales, cuando había por lo menos 10 veces más que ahora. Sería como un gran bosque de ballenas absorbiendo CO_2.

→ 27   Fertilicemos el océano

De hecho, se cree que los excrementos de las ballenas juegan un papel importante en esto. Aportan minerales para la fertilización de fitoplancton, y así contribuyen a crear más y más «nieve marina», que transporta carbono de la superficie hacia el fondo del océano. Más fertilizantes, más absorción de CO_2.

¿Y si... restauramos lo que hemos estropeado?

Los arrecifes de coral son uno de los ecosistemas más amenazados del planeta. No son vegetales sino animales (el coral es un animal colonial, formado por miles de pólipos), y de ellos depende una cuarta parte de las especies marinas. La Gran Barrera de Coral es el arrecife más grande del mundo. Está en Australia, en la costa de Queensland, y es el hábitat de 1.500 especies de peces y crustáceos.

Los corales son muy sensibles al aumento de la temperatura. Les causa un emblanquecimiento temporal y la muerte permanente, si no se recuperan. También son sensibles a la acidificación del agua, la contaminación, y los daños humanos y la sobrepesca. Sabemos que se han extinguido seis veces en el pasado geológico, pero siempre han vuelto, aunque necesitan decenas de miles de años para recuperarse.

A pesar de que la mejor solución para evitar la extinción de los arrecifes coralinos es reducir drásticamente las emisiones de gases de efecto invernadero, los científicos también trabajan para intentar restaurarlos y reconstruirlos.

→ 28 Corales en 3D
En la isla caribeña de Bonaire se ha repoblado parte del arrecife con corales artificiales, fabricados con impresoras 3D. Tienen el mismo tamaño, textura y color que los naturales. Las piezas se implantan en el fondo del océano después de introducir en ellas larvas de coral para que se adhieran y empiecen a crecer.

→ **29** **Música que cura**

Un equipo de investigadores de Australia y del Reino Unido está estudiando cómo acelerar la recuperación de estos ecosistemas con el sonido. Han instalado altavoces en zonas muertas de la Gran Barrera de Coral de Australia con los que reproducen sonidos habituales en los arrecifes sanos, para estimular a los peces a ocupar y recolonizar los arrecifes.

→ **30** **Robots protectores**

Larval Bot es un robot submarino creado por investigadores australianos con el objetivo de reforestar los arrecifes. Lleva a cabo una doble función: es capaz de detectar fauna invasiva y, a la vez, libera millones de larvas de coral criadas en viveros flotantes.

Ciudades

Las ciudades son parte del problema y, a la vez, de la solución de la crisis climática que padecemos. En ellas vive la mitad de la población mundial, por eso son grandes consumidoras de recursos y energía, además de ser responsables de gran parte de las emisiones de gases de efecto invernadero.

Los habitantes de las ciudades son especialmente vulnerables a los efectos del cambio climático. No actuar conlleva costes ambientales, pero también sociales y económicos. Y el impacto que tiene en la salud de las personas es muy fuerte. Además, no nos afecta a todos del mismo modo: podríamos decir que la crisis climática es injusta, ya que algunas ciudades sufren más sus consecuencias que otras.

Se necesitan iniciativas para rebajar las emisiones y frenar el calentamiento del planeta. Y también acciones que ayuden a la adaptación para prevenir y reducir al máximo los efectos.

Responsables de las emisiones

Las ciudades consumen dos terceras partes de la energía mundial y son responsables del 60 % de las emisiones de gases de efecto invernadero.

Cada día más pobladas

La mitad de la población mundial vive en las ciudades. Se calcula que en el 2050 serán siete de cada diez habitantes del planeta.

Vulnerables y en peligro

Cuatro de cada cinco ciudades situadas cerca de la costa o de un río corren el riesgo de sufrir inundaciones por la subida del nivel del mar.

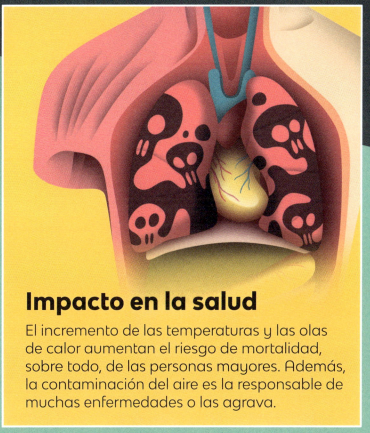

Impacto en la salud

El incremento de las temperaturas y las olas de calor aumentan el riesgo de mortalidad, sobre todo, de las personas mayores. Además, la contaminación del aire es la responsable de muchas enfermedades o las agrava.

¿Y si... nos movemos de otra manera?

El transporte es uno de los principales emisores de gases de efecto invernadero. Por eso, cada vez está adquiriendo más protagonismo la movilidad eléctrica. El coche eléctrico es una oportunidad para reducir las emisiones y la quema de combustibles fósiles, aunque no resuelve del todo el problema. Producir el coche eléctrico contamina y requiere mucha energía y el uso de los llamados metales raros.

Una ciudad con menos coches

El futuro de la movilidad en las ciudades exige que se fomente el transporte público y se reduzcan los trayectos largos de los vehículos contaminantes. Para tener aire de buena calidad debemos dejar el coche en casa y desplazarnos de manera distinta. Una ciudad con menos coches en la calle será más limpia, menos ruidosa, más segura (se evitarán accidentes) y cederá espacio a las personas y las zonas verdes.

❯ 31 **Un invento del siglo XIX, transporte del futuro**

La bicicleta está destinada a convertirse en la protagonista de la movilidad urbana de nuestro siglo. Con la bici todo son beneficios: además del ahorro energético y de la reducción de emisiones que conlleva su uso, es más rápido moverse en las ciudades que con el coche, y ¡pedalear es sano y divertido!

En ciudades como Copenhague, la mitad de los ciudadanos ya usan la bicicleta como medio de transporte principal. Esto ocurre gracias a una red de centenares de kilómetros de carriles rápidos y exclusivos para la bici.

→ 32 **Vehículos a demanda y compartidos**

Compartir coche, moto, patinete o bici es habitual, pero aún lo será más. ¡Tenemos que imaginar un futuro en el que la mayoría no tendremos vehículo propio! El vehículo a demanda o compartido, combinado con una buena red de transporte público, es la clave para reducir las emisiones, la congestión y la contaminación en las ciudades.

→ 33 **Eléctricos y sin conductor**

¿Coches sin conductor? Hay quien asegura que en diez años no habrá taxistas, y que el taxi autónomo, conocido como robotaxi, será uno de los protagonistas de la movilidad urbana. Como la mayoría de los accidentes se producen a causa de errores humanos, es probable que los vehículos autónomos, más tecnificados, sean más seguros.

Ya circulan en algunas ciudades estos pequeños autobuses completamente autónomos y eléctricos. Son una pista, pues, de cómo podría ser el transporte colectivo en un futuro cercano.

→ 34 Taxi-drones

Hay quien cree que la solución para la movilidad urbana está en el cielo. En algunas ciudades del mundo como Singapur ya se han empezado a probar taxis eléctricos voladores como este. Vehículo autónomo, sin piloto, capaz de transportar personas y paquetes a 35 km/h.

¿Y si... las ciudades fuesen de verdad para las personas?

Nos hemos acostumbrado a vivir en ciudades donde los vehículos son los protagonistas, donde hay calles con aceras estrechas más pensadas para facilitar la circulación y el aparcamiento de los coches que para pasear, jugar, hacer deporte o sentarse a charlar un rato. La manera como diseñamos las ciudades, es decir, cómo las planificamos urbanísticamente, determina los niveles de contaminación y calidad de vida de sus habitantes.

Muchas personas creen que ha llegado el momento de plantearse un nuevo modelo de ciudad que dé respuesta a las necesidades del ciudadano y reivindique el derecho a vivir de un modo más saludable y a respirar aire de más calidad.

➜ 35 **Urbanismo táctico**

Este tipo de urbanismo consiste en hacer pequeñas acciones puntuales y temporales para ganar espacio público para los peatones. Son intervenciones participativas, propuestas y pensadas por los vecinos. Con pinturas de colores, para llamar la atención sobre el cambio que se ha hecho, se recupera espacio para la comunidad: se crean zonas de juego y conversación, bibliotecas móviles, o incluso playas.

➜ 36 **Songdo: la ciudad sin coches**

Esta ciudad de Corea del Sur se empezó a construir en el 2002. Actualmente viven allí más de 100.000 personas. Se ha planificado urbanísticamente de manera que los ciudadanos pueden ir andando a la escuela, al trabajo, a comprar o al parque. Y si necesitan moverse en transporte público, tienen una parada de bus o metro como máximo a 12 minutos.

➜ 37 **Super-manzanas**

Barcelona tiene una de las densidades de tráfico más altas del mundo: 5.300 vehículos por km². Para mejorar la calidad ambiental y reducir los accidentes y el ruido, la ciudad impulsa desde hace años un gran proyecto, las supermanzanas. El objetivo es crear hasta 500, repartidas por todos los barrios. Una supermanzana agrupa varias manzanas de casas en las que se restringe el tráfico. Se ganan zonas verdes y se libera espacio público para el juego, el deporte o la interacción social y cultural.

¿Y si... la naturaleza recupera espacio?

Ya hemos visto que, con menos espacio para los coches y más para los ciudadanos, mejora la salud y el bienestar de las personas. Pero los expertos afirman que se debe ir más allá. No se trata solo de recuperar espacios públicos. La ciudad del futuro tiene que ser más verde y más azul.

Con espacios verdes (parques, jardines, bosques...) y azules (fuentes, lagos, ríos, mares...) se recupera el equilibrio de los ecosistemas. Se evitan plagas y la desaparición de la fauna y flora autóctonas. También se generan pulmones que renuevan el aire contaminado. Todo ello comporta, además, un beneficio para la salud física y mental de las personas: más naturaleza es igual a menos estrés.

→ 38 Techos verdes

Aunque es una práctica muy antigua en los países escandinavos, las azoteas, las cubiertas y los patios de luces vegetales se han popularizado en los últimos años en otras partes. Contribuyen a la reducción del efecto isla de calor (en las ciudades hay temperaturas más elevadas respecto de zonas menos pobladas por estar más urbanizadas).

→ 39 Superárboles

En el parque Gardens by the Bay, en Singapur, se alzan grandes jardines verticales de entre 25 y 50 metros de altura. Son los superárboles, unas estructuras en forma de marquesina que acogen casi 63.000 plantas de 200 especies diferentes. Toda esta vegetación ayuda a regular la temperatura de Singapur. Los superárboles, además, actúan como recolectores del agua de la lluvia y generan energía mediante las placas fotovoltaicas instaladas en lo más alto. Con los superárboles se abastece e ilumina todo el parque.

→ 40 El verde trepa por las fachadas

Conocidos como Bosco Verticale, estos dos edificios de la ciudad italiana de Milán acogen 711 árboles, 5.000 arbustos y 15.000 plantas. Esto equivale a la superficie de un bosque de 20.000 m². La vegetación de este bosque vertical produce un efecto muy beneficioso tanto en la gente que vive en los edificios como en el entorno. Genera un microclima que crea humedad, reduce la contaminación acústica y la radiación solar y depura el aire eliminando CO_2. Además, crea un espacio protegido para las diferentes especies.

Alimentos

¡Ten cuidado con lo que comes! Nuestra alimentación tiene un impacto directo en el medio ambiente. ¿Sabías que dedicamos la mitad de las tierras habitables y el 70 % de todas las captaciones de agua dulce a la agricultura y la ganadería? Son las responsables, por lo menos, de una cuarta parte de las emisiones de efecto invernadero (más de la mitad de estas emisiones proviene de la ganadería, ¡sobre todo de los eructos de las vacas!).

Antes de que lleguen a tu plato, los alimentos han sido producidos, almacenados, elaborados, envasados, transportados, preparados y servidos. ¡Cada paso contamina! Hay productos, los llamados alimentos kilométricos, que antes de llegar al mercado han viajado en neveras durante semanas, generando emisiones de CO_2 y contribuyendo aún más al calentamiento global.

Los alimentos sufren el cambio climático

La producción de alimentos contribuye al cambio climático, pero también sufre sus consecuencias: el aumento de las temperaturas condiciona la vida de los animales marinos y dificulta su pesca; en muchas zonas, la tierra ya no es tan productiva, los cultivos pierden calidad y las sequías e inundaciones dificultan su producción. Se calcula que el mundo tendrá aproximadamente 10.000 millones de personas en el 2050. ¡Gran parte tendrá dificultades para acceder a la comida si no nos ponemos manos a la obra!

¿Por qué contamina la carne?

Para producir la carne y los productos de origen animal necesitamos mucha agua y energía. Se calcula, por ejemplo, que para producir un kilo de carne de vaca se requieren unos 15.000 litros de agua, además de la que necesita cada animal para alimentarse.

¿Por qué comer carne produce deforestación?

¡La ganadería utiliza casi una tercera parte de la superficie terrestre del planeta! En muchos sitios se talan los árboles para conseguir más campos de pasto o para cultivar alimentos para el ganado. De esta manera, se escapan a la atmósfera grandes reservas de CO_2 que hasta ahora estaban almacenadas en los árboles y en la tierra.

¿Por qué contribuye al efecto invernadero?

Genera grandes cantidades de emisiones de metano y óxido nitroso, dos potentes gases de efecto invernadero. El ganado emite gas metano durante la digestión y también lo libera el estiércol. La emisión de óxido nitroso se produce con el uso de algunos fertilizantes.

Pero se debe recordar que no toda la carne contamina del mismo modo. El impacto varía según el animal. Una ternera, por ejemplo, necesita más espacio y más agua que un pollo. Por otra parte, no es lo mismo consumir carne de una explotación familiar que de una gran empresa, ni carne que proviene de la ganadería extensiva o de la intensiva. En la extensiva, los animales pastan por el campo, comen poco pienso industrial y el forraje se suele cultivar cerca. Los rebaños no son demasiado grandes y los purines abonan sin problema los campos.

¿Y si... comemos bien?

Comer bien influye en nuestra salud y, a la vez, en la sostenibilidad del planeta. En relación con los alimentos, debemos vigilar qué, dónde y cómo. Es decir, qué comemos, de dónde proviene y cómo ha sido producido. Los pequeños cambios y gestos responsables en la dieta y en la cesta de la compra, como los que te presentamos a continuación, tienen un gran impacto en la protección del medio ambiente.

Más verde

Más fruta y verdura y menos carne. Es conveniente reducir el consumo de carne (sobre todo, de carne roja) y de lácteos. Es la mejor manera de disminuir la huella de carbono.

100 % natural

Apostemos por los alimentos tal como los encontramos en la naturaleza y dejemos de lado los alimentos ultraprocesados como *pizzas* industriales, patatas chips, refrescos, bollería o galletas.

De proximidad, de temporada y, a poder ser, ecológico

De esta manera, se apoya el comercio local y se reducen las emisiones causadas durante el transporte.

Las legumbres son poderosas

¡Sí! Son saludables y muy sostenibles. ¿Sabías que para producir 1 kilo de lentejas se necesitan 1.250 litros de agua y para 1 kilo de ternera nos hacen falta 15.000?

¡No al despilfarro!

Para frenar el calentamiento global se necesita, además, terminar con el despilfarro alimentario. Los científicos alertan de que casi una tercera parte de los alimentos que se producen en todo el mundo acaban en la basura. De manera que todo el esfuerzo y el coste ambiental de producirlos han quedado en nada.

Es importante, pues, planificar bien la compra, revisar la fecha de caducidad y de consumo preferente de lo que compramos y utilizar envases para conservar los alimentos. En el restaurante, hay que pedir lo que realmente podamos comer y, si nos sobra, nos lo llevamos a casa.

→ 41 Feas, pero buenas

El espigueo es una práctica milenaria que consiste en la recogida de frutas y verduras que el productor descarta porque ha producido de más, porque las ventas han bajado o por razones estéticas.

En Cataluña, la Fundació Espigoladors recupera esta práctica para reducir el despilfarro. Lo que se recoge se da a personas que no tienen acceso a estos productos o se transforma en conservas.

→ 42 Apps para no tirar alimentos

A través del móvil y mediante la geolocalización y la mensajería instantánea, tenemos a mano un montón de opciones para contribuir a la lucha contra el despilfarro alimentario. En la *app* Too Good to Go, por ejemplo, restaurantes y comercios ofrecen a los usuarios la comida sobrante a precios asequibles.

¿Y si... producimos alimentos en casa?

El 80 % de los alimentos que se producen se consumen en las ciudades. Por eso, la agricultura urbana puede contribuir a reducir las emisiones derivadas del transporte y de la conservación de los alimentos. Si compramos productos de kilómetro cero, es decir, de granjas cercanas y de productores locales, garantizamos que los alimentos han viajado poco y han contaminado también poco. Pero todavía podemos ir un pasito más allá para rebajar nuestro impacto ambiental: cultivar nuestros alimentos.

→ 43 Encimeras inteligentes

Los electrodomésticos son clave si queremos evitar el despilfarro de energía. Este mostrador está conectado a Internet. ¿Qué hace? Detecta y pesa los alimentos que depositas encima, te sugiere recetas y, en el momento de cocinar, ahorra energía porque calienta solo lo que necesitas y a la temperatura precisa.

→ 44   IdC para controlar el huerto

La Internet de las cosas (IdC) permite conocer en todo momento el estado de salud de las plantas. ¿Cómo? A través de sensores conectados a Internet que nos envían información a tiempo real del estado del cultivo, la temperatura, los niveles de humedad, las plagas...

→ 45   Acuaponía

Con técnicas centenarias como la acuaponía es posible cultivar frutas y verduras en casa con pocos recursos. Consiste en una combinación de acuicultura (la cría de peces) e hidroponía (el cultivo de plantas en agua, sin tierra). El cultivo se realiza gracias a los peces: a través de un sistema de recirculación del agua, los vegetales absorben el fertilizante orgánico que generan los residuos de los peces. Además, las raíces purifican el agua, eliminan sustancias contaminantes y la devuelven limpia al tanque.

¿Y si... cultivamos de manera más sostenible?

Los agricultores cada vez son más conscientes de la necesidad de introducir prácticas agrícolas que produzcan menos emisiones de gases de efecto invernadero. El objetivo es el de producir más y mejor utilizando menos recursos naturales y garantizando la protección de los ecosistemas.

Muchos productores han recuperado prácticas de cultivo tradicional y el uso de semillas locales y han abandonado los fertilizantes químicos. Un conjunto de prácticas que son una alternativa a la agricultura intensiva convencional y se engloban en lo que llamamos agricultura sostenible. Pero veremos que, en este contexto, la ciencia y la tecnología también juegan su papel y quieren participar activamente en el cambio de rumbo.

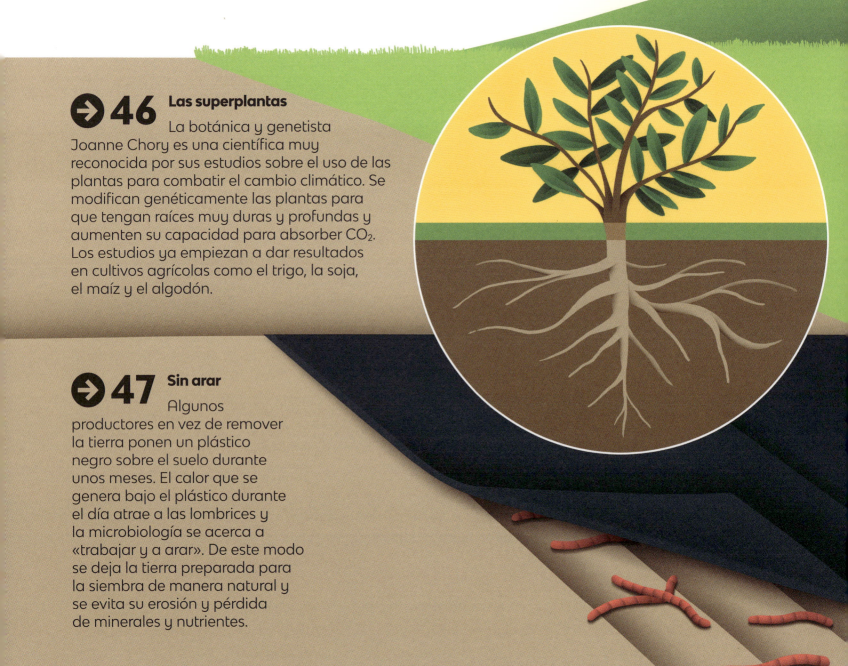

➔ 46   Las superplantas
La botánica y genetista Joanne Chory es una científica muy reconocida por sus estudios sobre el uso de las plantas para combatir el cambio climático. Se modifican genéticamente las plantas para que tengan raíces muy duras y profundas y aumenten su capacidad para absorber CO_2. Los estudios ya empiezan a dar resultados en cultivos agrícolas como el trigo, la soja, el maíz y el algodón.

➔ 47   Sin arar
Algunos productores en vez de remover la tierra ponen un plástico negro sobre el suelo durante unos meses. El calor que se genera bajo el plástico durante el día atrae a las lombrices y la microbiología se acerca a «trabajar y a arar». De este modo se deja la tierra preparada para la siembra de manera natural y se evita su erosión y pérdida de minerales y nutrientes.

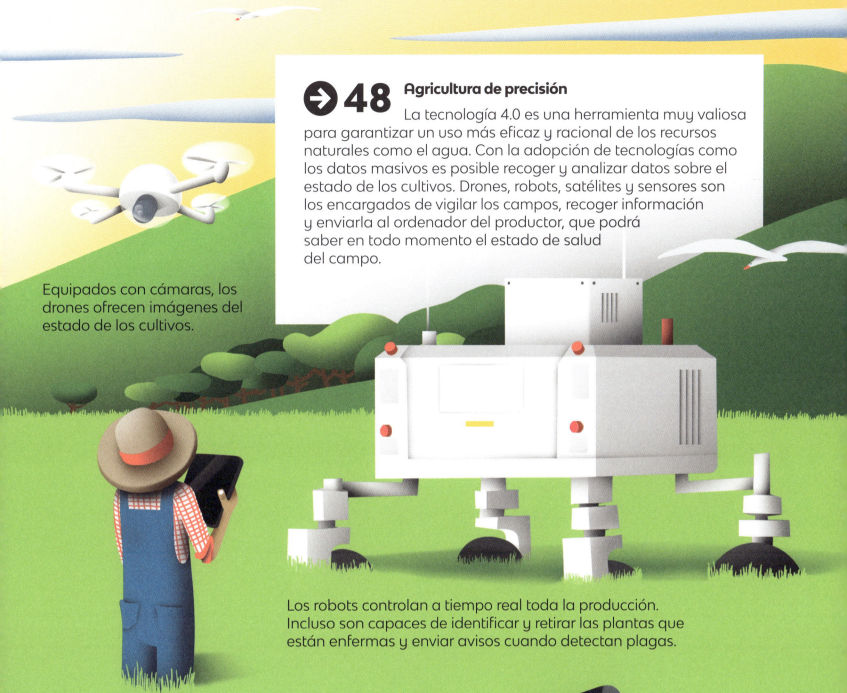

➜ 48   Agricultura de precisión

La tecnología 4.0 es una herramienta muy valiosa para garantizar un uso más eficaz y racional de los recursos naturales como el agua. Con la adopción de tecnologías como los datos masivos es posible recoger y analizar datos sobre el estado de los cultivos. Drones, robots, satélites y sensores son los encargados de vigilar los campos, recoger información y enviarla al ordenador del productor, que podrá saber en todo momento el estado de salud del campo.

Equipados con cámaras, los drones ofrecen imágenes del estado de los cultivos.

Los robots controlan a tiempo real toda la producción. Incluso son capaces de identificar y retirar las plantas que están enfermas y enviar avisos cuando detectan plagas.

➜ 49   Trazabilidad de los alimentos

Aplicada a la agricultura, la tecnología de la cadena de bloques (*blockchain*) garantiza que podamos seguir el rastro de un alimento desde el origen hasta el consumidor. La empresa Ripe, por ejemplo, controla tomates desde que se plantan hasta que se recogen. Se puede acceder a toda la información e historia de cada producto: características, procedencia, productor, fecha y hora de la cosecha...

¿Y si... probamos nuevos alimentos?

Una de las principales amenazas a las que nos enfrentamos con el cambio climático es el aumento del hambre en el mundo. El clima cada vez es más variable y los recursos naturales para la producción de alimentos se agotan; los océanos están sobreexplotados y la tierra agrícola es limitada, y cada vez está más deteriorada.

Además, si el crecimiento continúa al ritmo actual, en el 2050 la población mundial será de 10.000 millones de personas (¡y necesitaríamos producir más del doble de la comida de la que se produce actualmente!). Como hemos visto, reducir el despilfarro alimentario es una opción. Pero también se están explorando alternativas a la carne y el pescado.

→ 50 De la naturaleza a la mesa

Escarabajos, hormigas, langostas, grillos, libélulas, moscas..., forman parte de la dieta en países de Asia y de América Latina. La mayoría de los insectos comestibles aportan energía, tienen muchas proteínas y son una muy buena alternativa a la carne. Hay cerca de 2.000 especies de insectos aptos para el consumo humano, y por eso la Organización de las Naciones Unidas para la Agricultura y la Alimentación (FAO) hace años que recomienda su consumo.

→ 51 Microalgas para alimentar a millones de personas

Este pan es verde. No está hecho de harina de trigo, sino de una microalga llamada espirulina. Es un superalimento, y tiene tantas proteínas que podría ser un muy buen sustituto de alimentos de origen animal o vegetal que necesitan más agua y espacio para ser cultivados.

El proyecto europeo ProFuture investiga el uso de microalgas para crear nuevos alimentos y para que este pan de color verde pueda formar parte de nuestra dieta diaria pronto.

→ 52 Alternativas (vegetales y de laboratorio) a la carne y al pescado

Hamburguesas, albóndigas o tacos que imitan el pollo o la ternera, pero que en realidad son de origen vegetal: se trata de alimentos procesados, por lo que hay quien dice que no son 100 % saludables, pero son muy populares. Forman parte del menú de muchas personas y pueden ser una alternativa a la carne.

En el ámbito de la carne de origen vegetal, se está investigando en la bioimpresión. Es decir, en impresoras 3D que son capaces de fabricar un trozo de carne o marisco hechos de materia vegetal.

Lo que no es (de momento) tan habitual es la carne y el pescado de laboratorio. Algunos expertos afirman que la solución al reto alimentario sin acabar definitivamente con el planeta está en la producción de carne y pescado a partir de células madre de los animales. Y quizás no estemos tan lejos de que esto sea una realidad: en un restaurante de Singapur, por ejemplo, ya es posible comer carne de pollo a partir de células madre cultivadas en biorreactores.

Economía y consumo

El modelo económico que tenemos ahora nos conduce inevitablemente al colapso. Los recursos del planeta no son infinitos y, por esta razón, la economía basada en el crecimiento continuo, la productividad, el consumo y la explotación constante de recursos naturales no es sostenible. Además, el sistema económico actual hace crecer las desigualdades entre las personas. La crisis climática que vivimos se debe sobre todo al consumo excesivo de los países ricos.

Es el momento de frenar o nos quedaremos sin planeta. Ha llegado la hora de invertir los esfuerzos en construir una sociedad que se preocupe del cuidado de las personas y deje de lado el consumismo agresivo: comprar, comprar y comprar.

Otra manera de viajar

Los cruceros y los aviones son medios de transporte bastante contaminantes. Concienciarnos de cómo impacta la manera en la que viajamos o hacemos turismo será decisivo también para cambiar el rumbo de las cosas.

Ir de Lisboa a Nueva York y volver, por ejemplo, produce tanto CO_2 como el que se genera para calentar una casa europea durante todo un año. De hecho, en Suecia ha surgido el término *flygskam*, que describe la vergüenza de volar en avión, sobre todo en trayectos cortos y que se pueden hacer en tren. Para describir el orgullo de viajar en tren, un medio de transporte que contamina mucho menos, también hay otra palabra en sueco: *tagskryt*.

Buy

El comercio electrónico no ayuda

Internet es una industria gigantesca y tiene un gran impacto ambiental. Aunque cueste de creer, encender el ordenador, navegar por Internet y comprar con un clic contamina, ¡y mucho! Detrás de cada clic se esconde una gran infraestructura formada por cables submarinos, centros de datos y servidores. A la vez, se necesita mucha energía y materias primas para fabricar los dispositivos que utilizamos para navegar.

El comercio digital, además, genera muchos residuos de envases de un solo uso y hace aumentar la movilidad urbana con la entrega de paquetes a domicilio (que se multiplican con las devoluciones y cambios). Por eso, es fundamental también en este caso evitar el consumismo y comprar lo que realmente necesitamos.

¿Y si... convertimos los residuos en recursos?

¡La basura se nos come! Se ha convertido en uno de los problemas ambientales más importantes que tenemos. Contamina la tierra y las reservas de agua y emite gases nocivos para el planeta.

En todo el mundo se producen 10.000 millones de toneladas anuales de residuos y... ¡a duras penas la mitad son recogidos o tratados! El volumen de residuos va directamente vinculado al modelo de consumo: a más consumo, más residuos generamos.

Se debe abandonar la cultura de «usar y tirar» y avanzar hacia un modelo de economía circular, en el que se alarga la vida de las cosas para reducir al máximo los residuos: se les da una segunda vida. En la economía circular la R tiene mucho peso: se reduce, se repara, se reutiliza y se recicla.

Una bolsa de plástico gruesa tarda más de 150 años en degradarse.

Tienen que pasar más de 400 años para que una botella de plástico se degrade.

Los productos químicos del interior de las pilas son muy contaminantes. No se descomponen nunca.

53 Envoltorios innecesarios

A granel se puede comprar casi de todo y es la mejor manera de reducir drásticamente el plástico en nuestras vidas. Existen muchas iniciativas en este sentido.

54 Reparar en vez de sustituir

Restart Project en Londres impulsa un nuevo modelo de consumo con cursos de reparación de aparatos electrónicos.

55 Biblioteca de las cosas

¿Necesitamos un taladro, unas muletas o una panificadora? Aquí nos prestan lo que nos haga falta, sin necesidad de comprarlo. Así consumimos menos y somos más sostenibles.

56 Suprareciclaje

El *upcycling* da un nuevo uso, una segunda vida, a productos que ya no usamos. Un ejemplo puede ser convertir una botella de plástico en un comedero para pájaros.

57 Ropa infinita

La moda es uno de los sectores más contaminantes. Para fabricar cada pieza de 800 g de tejanos se necesitan 8.000 litros de agua. La empresa Back to Eco los aprovecha y les da una segunda vida.

58 Plástico por billetes

Ciudades como Estambul o Medellín han puesto en marcha una iniciativa para fomentar el reciclaje de botellas de plástico PET. Por cada botella aportada se acumulan puntos canjeables por billetes de transporte.

Casas

Los edificios y las personas que los habitan consumen mucha energía. De hecho, tanto por la forma en la que están construidos como por la actividad que se lleva a cabo en ellos, son los responsables de casi un 40 % de las emisiones. La rehabilitación de las construcciones existentes y una nueva arquitectura para garantizar casas sostenibles son dos grandes retos que debemos afrontar.

→ 59 ¡Hacer abono!

Es posible reciclar recursos orgánicos que se producen en casa y convertirlos en abono ¡gracias a las lombrices! Esto se llama vermicompostaje.

→ 60 No se pierde ni una gota

El agua es un recurso escaso. Cada vez es más habitual recoger el agua de la lluvia en casa y utilizarla para regar las plantas, llenar las cisternas del inodoro o limpiar.

→ 61 Viviendas de bajo consumo

Las llamadas casas pasivas son edificios con un consumo casi nulo. Es el caso de los edificios Passivhaus, ideados en Alemania hace 30 años. Estos edificios son capaces de reducir el 90 % de la demanda de calefacción y aire acondicionado mediante una orientación adecuada, un buen aislamiento y ventilación y el uso de determinados materiales.

Los edificios pasivos mantienen una temperatura constante durante todo el año, por eso consumen muy poca energía (y la pueden autoproducir con placas fotovoltaicas).

→ 62 Ventanas fotovoltaicas

Ya es posible instalar cristales que producen energía a partir de la luz solar. Se pueden colocar en las ventanas, pero se empiezan a plantear otros usos, ya que cualquier objeto con cristal equipado con esta tecnología, como el móvil o una parada de autobús, podría ser autosuficiente.

→ 63 Paredes que se enfrían

Pintar las casas de blanco es una técnica tradicional para conservarlas más frescas de manera natural. Recientemente, se ha inventado una pintura superblanca capaz de reflejar el 98 % de la luz y mantener las superficies donde se aplica hasta 10 °C más frescas.

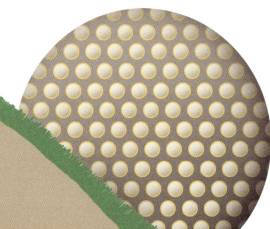

→ 64 Ladrillos de cigarrillos

¡Las colillas de los cigarrillos tardan cerca de 15 años en descomponerse! Pero investigadores australianos han descubierto cómo aprovecharlas: añadirlas a la arcilla que se utiliza para fabricar ladrillos reduce el tiempo de cocción y la energía para producirlos.

→ 68 Paneles solares

La energía solar es la renovable más habitual para producir energía de autoconsumo. Las placas fotovoltaicas son los dispositivos encargados de convertir la energía del sol en energía eléctrica. Además, se pueden utilizar baterías para almacenar la energía generada y que no se ha utilizado.

→ 69 Calcular el impacto

En Internet hay disponibles calculadoras de la huella de carbono, como The Planet App, que calcula tus emisiones y te da consejos para reducirlas.

→ 70 Muebles respetuosos

L'Estoc es una cooperativa social catalana que produce muebles que cuidan el planeta y a las personas. Están fabricados por personas con discapacidad intelectual y a partir de materiales en desuso.

→ 65 Cubierta verde

Los huertos y la vegetación en las azoteas naturalizan las ciudades y pueblos y contribuyen al aislamiento térmico. De esta manera, se puede ahorrar mucha energía.

→ 67 Lavadora sin agua

La lavadora Xeros utiliza un 70 % menos de agua que la mayoría de lavadoras, gracias a unas pequeñas esferas de nailon en el tambor que absorben la suciedad.

→ 66 Váter seco

¡Este váter no consume agua! Los excrementos van a parar a un compostador donde se transforman en abono para el jardín.

Proyectos para un mundo más sostenible

Energía

01. Autonomía energética
En Friburg (Alemania)
greencity.freiburg.de

02. Microred eléctrica
En Nueva York (Estados Unidos)
brooklyn.energy

03. Vivir del aire
En Pujalt (España)
viuredelaire.cat

04. La gestión de la demanda energética
En California (Estados Unidos)
ohmconnect.com

Bosques

05. Los sonidos de la selva
En las selvas
rfcx.org

06. Los guardianes de la Amazonia
En la Amazonia
en.wikipedia.org/wiki/Indigenous_rights

07. Drones para vigilar los bosques
En Perú
geobosques.minam.gob.pe

Océanos

08. Barcos informadores
En los océanos
en.wikipedia.org/wiki/Research_vessel

09. Sensores-tirita
En los océanos
cemse.kaust.edu.sa/sensors

10. Pez robot
En el océano Pacífico
csail.mit.edu/research/sofi-soft-robotic-fish

11. Boyas espía
En los océanos
argo.ucsd.edu

12. Medusas en 3D
En Florida (Estados Unidos)
fau.edu/research/magazine/2019/01/dor-robo-jelly-fish.php

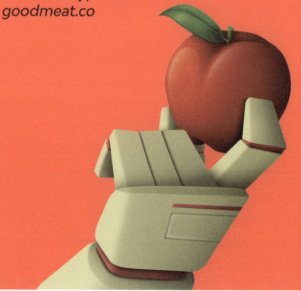

Economía y consumo

53. Eliminar envoltorios innecesarios
Globalmente
vivirsinplastico.com

54. Reparar en vez de sustituir
En Londres (Reino Unido)
therestartproject.org

55. Biblioteca de las cosas
Globalmente
en.wikipedia.org/wiki/Library_of_Things

56. Suprareciclaje
Globalmente
es.wikipedia.org/wiki/Suprarreciclaje

57. Ropa infinita
En Barcelona (España)
infinitdenim.com/back-to-eco

58. Plástico por billetes
En varias ciudades del mundo
metrodemedellin.gov.co

Casas

59. ¡Hacer abono!
Globalmente
ca.wikipedia.org/wiki/Vermicompostatge

60. No se pierde ni una gota
Globalmente
*renewableenergyhub.co.uk/main/
rainwater-harvesting-information/
benefits-of-rainwater-collection/*

61. Viviendas de bajo consumo
En Alemania y otros países
es.wikipedia.org/wiki/Casa_pasiva

62. Ventanas fotovoltaicas
En Estados Unidos y otros países del mundo
solarwindow.com

63. Paredes que se enfrían
En Estados Unidos y otros países del mundo
*purdue.edu/newsroom/releases/2021/
Q2/the-whitest-paint-is-here-and-its-the-
coolest.-literally..html*

64. Ladrillos de cigarrillos
En Australia
*rmit.edu.au/news/media-releases-and-
expert-comments/2020/sep/cigarette-
butt-bricks*

65. Cubierta verde
En Alemania y otros países
ca.wikipedia.org/wiki/Terrat_verd

66. Váter seco
Globalmente
*es.wikipedia.org/wiki/Ba%C3%B1o_seco_
ecol%C3%B3gico*

67. Lavadora sin agua
En el Reino Unido
*en.wikipedia.org/wiki/Xeros_Washing_
Machine*

68. Paneles solares
Globalmente
ca.wikipedia.org/wiki/Placa_solar

69. Calcular el impacto
En Internet
theplanetapp.com

70. Muebles respetuosos
En Cataluña (España)
lestoc.com

Fuentes consultadas

European Environment Agency
https://www.eea.europa.eu

FAO (Food and Agriculture Organization)
http://www.fao.org/home/en/

Global Carbon Project
https://www.globalcarbonproject.org/about/index.htm

Global Forest Watch
https://www.globalforestwatch.org/

Global Greenhouse Gas Emissions Data - United States Environmental Protection Agency
https://www.epa.gov/ghgemissions/global-greenhouse-gas-emissions-data

Informe de las Naciones Unidas Emissions Gap Report 2020
https://www.unep.org/interactive/emissions-gap-report/2020/

IPCC Special Report on Global Warming of 1.5°C (2018)
https://www.ipcc.ch/sr15/

Objetivos de desarrollo sostenible - Naciones Unidas
https://www.un.org/sustainabledevelopment/es/objetivos-de-desarrollo-sostenible/

State of Global Climate 2020. Organización Meteorológica Mundial
https://public.wmo.int/es/media/comunicados-de-prensa/los-indicadores-empeoraron-y-los-impactos-del-cambio-clim%C3%A1tico-se

UN Climate Change Annual Report 2019
https://unfccc.int/annualreport

UNFCCC (United Nations Framework Convention on Climate Change)
http://unfccc.int/2860.php

DAQ es un dúo creativo especializado en ilustración. Con sede en el barrio del Raval de Barcelona, DAQ está formado por el ilustrador David Acevedo Queralt y la periodista Anna Miracle Fandos.

Después de trabajar en diferentes estudios y agencias, Anna y David fundaron DAQ el 2016 con la ilusión y el convencimiento de que sumando esfuerzos podían generar comunicación visual desde la reflexión; transformar ideas en conceptos visuales con compromiso social.

Combinan los encargos comerciales para el sector publicitario, editorial y audiovisual con la producción de piezas personales y la autoedición. Es en este ámbito donde pueden dar salida a su estilo más genuino marcado por el amor a la geometría, las formas volumétricas y los colores contrastados. Disfrutan jugando con los volúmenes para generar realidades imposibles y escenarios surrealistas. Entre sus clientes destacan Adobe, Spotify, Penguin Books, The New Yorker, Wired y El País.

Primera edición: septiembre del 2021
Título original: *Benvingut, nou món*

© **2021, de los textos:** Anna Miracle
© **2021, de las ilustraciones:** David Acevedo
© **2021, de la edición:** Zahorí Books
C/ Sicília, 358 1-A · 08025 Barcelona
        www.zahoribooks.com

Revisión científica: Anna Cabré
Corrección: Ariel Vándor
Diseño: David Acevedo
Maquetación: Pau Santanach

ISBN: 978-84-17374-99-0
DL: B 14059-2021
Impreso por GPS Group, Eslovenia

Este producto está elaborado con materiales de bosques con certificado FSC® y bien gestionados, y con materiales reciclados.

FSC
www.fsc.org

MIXTO
Papel procedente de
fuentes responsables
FSC® C118234